Anselm Grün

Bis wir uns im Himmel wiedersehn

Anselm Grün

BIS WIR UNS IM HIMMEL WIEDERSEHN

Kreuz Verlag

Abschied zu nehmen von einem geliebten Menschen, das tut weh. Auch wenn du dir noch sooft vorsagst, dass mit seinem Tod zu rechnen war, dass er einen schönen Tod gestorben ist, dem Schmerz des Abschieds kannst du nicht entrinnen. Er muss ausgehalten und durchlitten werden. Du kannst nicht mehr mit ihm sprechen wie in so vielen guten Gesprächen. Du kannst ihm nicht mehr in seine Augen schauen. Du wirst ihn nie mehr umarmen, seine Haut nie mehr spüren. Er wird nicht da sein, wenn du dich allein fühlst, wenn du dich anlehnen möchtest. Er wird nicht mehr in dein Zimmer treten und auf dich zugehen. Sein Zimmer, in dem er gewohnt hat, ist leer.

Abschied kommt von Scheiden. Es hat dich so viel mit dem geliebten Menschen verbunden. Ihr wart in manchem zusammengewachsen. Jetzt ist er dir entrissen worden. Es ist, als ob ein Teil deines eigenen Leibes, deines eigenen Herzens abgetrennt worden sei.

Viele Trauernde haben das Gefühl, durch den Tod des geliebten Menschen sei ihnen der Boden unter den Füßen weggezogen worden. Jetzt ist alles grundlos. Sie stecken im Schlamm der eigenen Trauer, in einem See von Tränen. Der Psalmist drückt diese Erfahrung so aus:

Schon reicht mir das Wasser bis an die Kehle.
Ich bin in tiefem Schlamm versunken und habe keinen Halt mehr;
ich geriet in tiefes Wasser, die Strömung reißt mich fort.
Ich bin müde vom Rufen, meine Kehle ist heiser, mir versagen die Augen, während ich warte auf meinen Gott.

Psalm 69,2-4

Manche haben Angst vor dem Sumpf der eigenen Traurigkeit. Sie versuchen, festen Halt zu bekommen, indem sie sich dem Vordergründigen zuwenden, indem sie das Begräbnis organisieren und in den geschäftlichen Notwendigkeiten aufgehen. Doch sobald die Beerdigung vorüber ist, fallen sie in ein tiefes Loch. Wenn der Alltag sie wieder hat, überfällt sie eine abgrundtiefe Trauer. Manche versuchen dann, der Trauer aus dem Weg zu gehen. Andere verschließen sich ihr, weil sie sich von ihr bedroht fühlen. Aber wenn die Trauer übersprungen wird, wird sie unter dem scheinbar tragfähigen Boden äußerer Realitäten wie ein Schlamm sein, der das feste Land irgendwann mit in die Tiefe reißt.

Auch wenn es dir Angst macht, stell dich dem Grundlosen deiner Trauer. Auch wenn die Tränen nicht versiegen, auch wenn du keinen Boden unter den Füßen spürst, du fällst nicht tiefer als in Gottes Hand. Von Gottes liebenden Händen gehalten, darfst du dich getrost deinen Tränen überlassen. Du wirst darin nicht untergehen.

Lass dir Zeit für deine Trauer. Es gibt keine Norm, nach wie vielen Wochen sie vorbei sein müsste. Die Trauer kann den Schmerz verwandeln, sie kann dich selbst verwandeln. Sie kann dich in die eigene Tiefe führen, dir zeigen, was sich in dir entfalten und zur Blüte kommen möchte. Aber solange du im Trauerprozess bist, tut es immer wieder weh. Da bricht es immer wieder von neuem auf: „Warum musste es so kommen? Warum ausgerechnet dieser Tod? Wie kann Gott das zulassen? Warum hat er mir das angetan?"

Wundere dich nicht, dass sich in deine Trauer auch Gefühle von Wut und Zorn mischen. „Warum hat er mich verlassen? Er wusste doch, wie schwer es mir fällt, alleine durchs Leben zu gehen. Jetzt muss ich mich allein durchkämpfen. Mit den Kindern stehe ich alleine da. Die Entscheidungen muss ich alleine treffen. Ich hätte ihn doch noch so notwendig gebraucht."

Erschrick nicht vor deinen Gefühlen. In der Trauer musst du deine Beziehung zum Verstorbenen nochmals klären. Und da wird auch manches auftauchen, was nicht ideal war. Lass es zu! Dann kann die Beziehung eine neue Basis bekommen. Lass auch die Verzweiflung zu, die dich manchmal überkommt. Nur sprich sie aus! Sprich darüber mit den Menschen in deiner Nähe, halte sie im Gebet Gott hin. Halte dein verwundetes Herz Gott hin, damit es in Gottes liebender Nähe heil werden kann.

Dein Beten wird in der Zeit der Trauer oft zur Klage werden. Es wird dir nicht gelingen, wie Hiob zu sagen:

Der Herr hat gegeben, der Herr hat genommen;
gelobt sei der Name des Herrn.
HIOB 1,21

Vielmehr wirst du eher mit Hiob klagen:

Dahin sind meine Tage, zunichte meine Pläne, meine Herzenswünsche.
Sie machen mir die Nacht zum Tag, das Licht nähert sich dem Dunkel.
Ich habe keine Hoffnung.
HIOB 17,11-13

Wir haben heute die Klage aus unserem Beten gestrichen. Wir meinen, wir müssten uns sofort in Gottes Willen ergeben, wenn uns ein lieber Mensch entrissen wird. Nein, Gott selbst gibt dem Hiob recht in seiner Klage. Wir dürfen Gott anklagen: „Warum hast du mir das angetan? Was soll das für einen Sinn haben? Habe ich mich nicht alle Tage gemüht, nach deinem Willen zu leben? Und nun das!“ Hab Mut zu solcher Klage, auch wenn sich deine religiöse Erziehung vielleicht dagegen wehrt. Und wenn du selbst keine Worte für deine Klage findest, dann kannst du mit den Worten des Psalmisten beten:

Ich rufe zu Gott, ich schreie, ich rufe zu Gott, bis er mich hört.
Am Tag meiner Not suche ich den Herrn; unablässig erhebe ich nachts
meine Hände, meine Seele lässt sich nicht trösten. Denke ich an Gott,
muss ich seufzen; sinne ich nach, dann will mein Geist verzagen.
PSALM 77,2-4

Fragen kommen: Was hätte ich noch alles mit ihm besprechen sollen? Hätte ich nicht anders auf ihn eingehen müssen? Habe ich ihn verletzt? Habe ich doch an ihm vorbeigelebt? Was habe ich alles versäumt? Warum bin ich nicht noch einmal auf ihn zugegangen?

Wenn solche bohrende Fragen in dir auftauchen, dann lass sie zu! Aber hüte dich davor, dich zu entschuldigen. Denn wenn du dich entschuldigen möchtest, müsstest du immer neue Gründe finden, warum du frei von Schuld bist und warum du alles richtig gemacht hast.

Verzichte aber auch darauf, dich zu beschuldigen, dich zu beschimpfen und mit Schuldgefühlen zu zerfleischen. Halte deine Schuld Gott hin und vertraue darauf, dass er dir alles vergibt. Wenn es dich tröstet, dann sprich in der Beichte über deine Schuldgefühle, über alles, was du dem Verstorbenen schuldig geblieben bist. Aber wenn dir dann der Priester die Vergebung Gottes zuspricht, dann vergib dir auch selber. Halte dir nicht mehr vor, was du hättest anders machen sollen. Lass es gut sein! Du darfst gewiss sein, dass Gott dir vergeben hat. Du darfst auch darauf vertrauen, dass der Verstorbene dir längst alles vergeben hat. Er ist jetzt bei Gott, und bei Gott ist er im Frieden. Ihn schmerzt nichts mehr, keine Verletzung, die du ihm zugefügt hast. Bei Gott ist der Verstorbene ganz zu sich gekommen. Er sieht in Gott die Wahrheit deines Lebens und versteht, was war, warum du so gehandelt hat. Er möchte dich an seinem Frieden teilnehmen lassen.

Frühere Generationen haben für die Trauerzeit Rituale entwickelt, die ihnen helfen sollten, ihre Trauer auszudrücken und durch die Trauer zu neuer Lebensfreude zu finden. Heute tun wir uns schwer mit solchen Ritualen. Aber vielleicht kannst du dir selbst Rituale ausdenken, die dir in deiner Trauer gut tun. Es könnte ein Abschiedsritual sein, ein Versöhnungsritual oder ein Vergebungsritual. Du könntest auf verschiedene Blätter schreiben, an welche Begegnungen und Erlebnisse mit dem Verstorbenen du dich gerne erinnerst, was dir Schuldgefühle macht, wo du dich über den Verstorbenen geärgert hast, wo er dich verletzt und wo du ihn verletzt hast und was du ihm heute gerne sagen möchtest. Du kannst aufschreiben, für welche Erfahrungen mit ihm du Gott danken willst. Und dann kannst du dir überlegen, was du mit den Papierblättern machen möchtest. Du kannst sie aufbewahren und in die Gebetsecke legen, in der du meditierst. Dann wird das Gebet alles verwandeln, was du da aufgeschrieben hast. Du kannst die Zettel auch verbrennen und so den Abschied zelebrieren von allem, was war. Und dann kannst du ein Gebet formulieren, in dem du Gott darum bittest, das Vergangene zu lassen und offen zu sein für das, was Gott dir heute durch den Verstorbenen sagen möchte, in dem du Gott dankst für alles, was er dir durch ihn geschenkt hat.

Eine Mutter, die um ihre Tochter trauerte, die bei einem Verkehrsunfall ums Leben gekommen ist, war vor allem von dem Gedanken bedrückt, dass ihre Tochter in der letzten Zeit nicht mehr in der Kirche war. Sie quälte sich mit Überlegungen, wie Gott ihre Tochter richten und ob er sie wohl verdammen würde. Und sie machte sich Vorwürfe, dass sie in der religiösen Erziehung vieles falsch gemacht habe. Wenn dich solche Gedanken quälen, darfst du darauf vertrauen, dass der Verstorbene in Gott hinein gestorben ist. Auch wenn du bei seinem Tod keine Worte des Glaubens gehört hast, auch wenn er scheinbar im Unglauben verharrt ist, im Tod sind ihm die Augen aufgegangen. Da ist er Gott begegnet, wie er wirklich ist. Und es ist ihm die Liebe Gottes in ihrer ganzen Klarheit aufgeleuchtet. Du darfst vertrauen, dass er sich in diese überwältigende Liebe Gottes hinein ergeben hat. In der Begegnung mit dem liebenden Gott ist alles geläutert worden, was unvollkommen war, wo er sich verrannt und wo er sich in sich selbst verschlossen hatte. Traue dem Wort, das uns der greise Johannes überliefert hat:

Wenn das Herz uns auch verurteilt –
Gott ist größer als unser Herz, und er weiß alles.
1. Johannes 3,20

Gottes Herz ist offen für jeden Menschen. Seine Barmherzigkeit ist größer als unsere Schuld. Er bietet sie jedem an. Und wenn dich Zweifel quälen, dann vertraue im Gebet den Verstorbenen dem barmherzigen Gott an. Er wird ihn in seine liebenden Arme aufnehmen.

Trauer geht über die Erinnerung. Auch wenn es weh tut, teile deine Erinnerungen mit den Menschen, die den Verstorbenen auch gekannt haben. Erzähle ihnen, wo dir das Geheimnis des von dir geliebten Menschen aufgegangen ist. Was waren seine unverwechselbaren Worte und Gesten? Was hast du alles mit ihm erlebt? Wonach hat er sich gesehnt? Wofür hat er sich leidenschaftlich eingesetzt? Worunter hat er gelitten? Worüber konnte er sich freuen, und wie hat er seine Freude ausgedrückt? Was hat er gerne getan, und was in deinem Haus trägt seine Handschrift?

Habe keine Angst vor den Tränen, die bei manchen Erinnerungen in dir aufbrechen. Sie sind Zeichen deiner Liebe. Nur wenn du von dem Verstorbenen erzählst, kann er unter euch gegenwärtig sein, kann um ihn her Gemeinschaft entstehen, kann er euch die Botschaft verkünden, die er mit seinem Leben geben wollte. Du wirst bald spüren, dass es auch den anderen gut tut, wenn sie deine Erinnerungen hören und sie selber von dem Verstorbenen sprechen können. Vielleicht hörst du manches zum ersten Mal und erkennst, wer da an deiner Seite gelebt hat. Und vielleicht wird dir selbst beim Erzählen bewusst, welchen Schatz dir Gott in ihm geschenkt hat.

Wenn du über den Verstorbenen nachdenkst, bleibe nicht bei den einzelnen Erinnerungen stehen. Frage dich vielmehr, was er mit seinem Leben eigentlich vermitteln wollte, was die Botschaft ist, die er dir sagen möchte. Was hat ihn geprägt? Was war sein wahres Wesen, verborgen unter der Schutzschicht, die sich über seine Wunden gelegt hatte? Was war das, was er dir immer wieder sagen wollte, es aber oft nicht konnte, weil ihm die Worte fehlten oder weil die Situation es nicht zugelassen hat? Welche Spur hat er in diese Welt eingegraben?

Stell dir vor, dass der geliebte Mensch, der dich verlassen hat, nun bei Gott ist und zu seinem wahren Wesen gefunden hat. Da ist das ursprüngliche Bild, das Gott sich von ihm gemacht hat, unverhüllt aufgestrahlt. Da sind alle Hüllen weggefallen, die dir sein Bild verstellt haben. Da ist er ganz zu sich gekommen. Und dann horche in dich hinein, welche Bilder da in dir auftauchen. Wie könnte sein ursprüngliches Antlitz ausschauen? Welche Assoziationen kommen da in dir hoch? Und dann frage den Toten, was er dir jetzt sagen, welche Botschaft er dir mit auf den Weg geben möchte, was wohl das Wort ist, das Gott dir durch ihn sagen wollte und sagen will.

Eine Weise, deine Trauer mit Sinn zu füllen, ist das Gebet für den Verstorbenen. Du kannst für ihn beten, dass er sich in der Begegnung mit Gott ganz in Gottes Hände fallen und sich so von Gottes Liebe und Barmherzigkeit anziehen lasse, dass er sich in Gott hinein ergebe und so seine Herrlichkeit erfahre.

Dein Gebet soll nicht von Angst geprägt sein. Du brauchst keine Angst zu haben, dass Gott den Toten wie ein Buchhalter beurteilen würde. Gott bietet ihm seine Liebe an. Und wenn er sich dieser Liebe ergibt, ist er gerettet, ist er im Himmel. Dein Gebet ist der letzte Liebesdienst an dem geliebten Toten, deine Fürbitte, dass sein Tod gelingt, der ja nicht abgeschlossen ist mit dem, was du als Sterben seines Leibes beobachtet hast.

Aber dann soll dein Gebet auch von Dankbarkeit geprägt sein. Du sollst Gott danken, dass er dir diesen Menschen geschenkt hat, dass du ihn erleben durftest, dass du an seiner Seite reifen und wachsen konntest. Du wirst in deinem Gebet eine neue Form von Gemeinschaft mit dem Toten erfahren. Der Tote ist nun bei Gott, zu dem du betest. Wenn du Gottes Nähe im Gebet erfährst, kannst du mit Gott auch die Nähe des geliebten Toten erahnen. Jedes Mal, wenn du in der Gemeinschaft der Kirche Gottesdienst feierst, darfst du gewiss sein, dass du teilnimmst an der himmlischen Liturgie, am ewigen Loblied, das all die geliebten Toten im Himmel unaufhörlich singen.

Du kannst nicht nur für den Toten beten, sondern auch zu ihm. Wenn wir zu den Heiligen beten und sie um Fürbitte bei Gott bitten dürfen, dann auch zu den Toten, von denen wir ja glauben, dass sie bei Gott sind, dass sie für immer geheilt und geheiligt sind. Bitte den Verstorbenen, dass er dich auf deinem Weg begleite, dass er dich vor Fehltritten schützen möge, dass er dir sagen möge, worauf es in deinem Leben ankommt. Du kannst ihn auch bitten, dass er dir im Traum erscheinen und dir da eine Botschaft hinterlassen möge. Du darfst darauf vertrauen, dass die Verstorbenen nicht einfach verschwunden sind. Sie sind bei Gott und in Gott sind sie auch bei dir.

Das Ziel der Trauer ist, dass wir eine neue Beziehung zum geliebten Toten gewinnen. Das Beten zum Toten ist ein konkreter Ausdruck dieser neuen Beziehung. Im Gebet erfahren wir ihn als inneren Begleiter. Wenn du zu ihm betest, lebst du bewusster. Du wirst erleben, dass die Beziehung zum geliebten Verstorbenen nicht abgebrochen ist, sondern nur auf eine andere Ebene gehoben wurde. Bete zu ihm, dann geht er in Gott alle Wege mit dir.

Die Wunde der Trennung erinnert dich täglich daran, dass du nun allein auf dich gestellt bist und deine eigene Person entfalten musst. Abschied als scheiden, voneinander trennen, auseinander schneiden führt dazu, dass du nun noch deutlicher spürst, wer du selbst bist und was deine tiefste Individualität ist. Du kannst den Verstorbenen nicht festhalten. In der Trauer geht es darum, wirklich Abschied von ihm zu nehmen. Das Ziel deiner Trauer ist, dass du eine neue Beziehung zum Toten aufnimmst, eine Beziehung, die nicht festhält, sondern die freilässt und die Begleitung des Verstorbenen vom Himmel her dankbar annehmen kann.

Das Ziel ist aber auch, dass du nun in dir selbst Heimat und Geborgenheit, Halt und Standfestigkeit findest. In dir selbst ist eine Quelle von Liebe, von Lebendigkeit, von Kraft. In dir ist die Quelle des Heiligen Geistes. Du darfst nicht dabei stehen bleiben, dass du dich bedauerst, weil dir der geliebte Mensch entrissen worden ist. Denn dann würdest du ja damit ausdrücken, dass du alleine gar nicht leben kannst. Du würdest dich selbst aufgeben. In dir ist aber die Quelle göttlichen Lebens, die nie versiegt. Durch die Trauer hindurch sollst du in dir diese Quelle des Heiligen Geistes entdecken. Aus ihr kannst du immer schöpfen. In dieser Quelle des Heiligen Geistes, in der Quelle der göttlichen Liebe spürst du auch die Liebe des Toten. Auch aus ihr kannst du immer von neuem trinken.

In dir ist auch der Raum, in dem Gott selbst in dir wohnt. Darin kannst du Heimat und Geborgenheit erfahren. Wo Gott, das Geheimnis, in dir wohnt, da kannst du auch selbst daheim sein.

Als Jesus wusste, dass er sterben müsse, da gab er den Jüngern zum Abschied das tröstliche Wort mit:

Ich gehe, um einen Platz für euch vorzubereiten.
Wenn ich gegangen bin und einen Platz für euch vorbereitet habe,
komme ich wieder und werde euch zu mir holen,
damit auch ihr dort seid, wo ich bin.

JOHANNES 14,2F

Jesus Christus wohnt jetzt schon in unserem Herzen. Die Wohnung, die er sich in unserem Inneren bereitet hat, wird durch den Tod nicht zerstört werden, sondern hinein verwandelt in die ewige Wohnung, die er uns beim Vater bereitet hat.

Was wir von Jesus glauben, das können wir auch von den lieben Menschen sagen, die uns im Tod vorausgehen. Auch sie bereiten uns bei Gott eine Wohnung. Wenn ein geliebter Mensch stirbt, dann nimmt er alles mit zu Gott, was wir mit ihm geteilt haben, die Gespräche, die Liebe, die Erfahrungen unseres gemeinsamen Alltags. Er nimmt mit diesen Erfahrungen ein Stück von uns mit zu Gott. Ein Teil von uns ist mit dem Verstorbenen schon bei Gott und in Gott. Wenn wir sterben, werden wir nicht in etwas Unbekanntes hinein sterben, sondern in die Wohnung, die uns Christus und die uns die geliebten Menschen bereitet haben, die uns vorangegangen sind. Dort werden wir dann für immer Wohnung nehmen und für immer daheim sein.

Für mich gehört es zum persönlichen Trauerritual, dass ich jedes Mal, wenn ein lieber Mitbruder aus unserer klösterlichen Gemeinschaft stirbt, die Arie aus Händels Messias höre: „Ich weiß, dass mein Erlöser lebt und dass er erscheint am letzten Tage dieser Erd'. Wenn Verwesung mir gleich drohet, wird dies mein Auge Gott doch sehn." Vielleicht hast du auch solche persönlichen Trauerrituale. Der eine geht immer wieder den Weg, den der geliebte Verstorbene mit ihm oft gegangen ist. Ein anderer hört die Kantate oder die Symphonie, die der Verstorbene so geliebt hat. Und indem er sie hört, fühlt er sich eins mit ihm. Solche Trauerrituale sind nicht dazu da, den Toten festzuhalten, sondern die Trauer auf eine Weise auszudrücken, die in eine neue Beziehung führt. Für mich ist die Musik ein Fenster zum Himmel. Ich lasse mich hineinfallen und ahne, dass diese Musik jetzt bei Gott auf neue und unerhörte Weise erklingt. So verbindet mich mein Hören mit den Toten, die im Himmel Gottes Wort nicht nur mit ihren Ohren, sondern mit ihrem ganzen Wesen hören und für die ihr Horchen Seligkeit ist.

Suche dir das Musikstück aus, das dem Verstorbenen am liebsten war, horche dich in die Musik hinein und lass dich von ihr zu Gott tragen, den der Verstorbene nun mit unverhülltem Auge schaut.

Manche Sterbende habe ich sagen hören: „Wir werden uns wiedersehen in der Ewigkeit." Sie waren überzeugt, dass ihr Sterben ein Gehen in die Herrlichkeit Gottes ist und dass sie dort die Menschen wiedersehen werden, die ihnen hier auf Erden teuer waren. Die Berichte über Nahtodeserlebnisse bestätigen diesen Glauben, dass uns gerade die bei Gott erwarten, die uns hier am nächsten stehen. Vielleicht zweifelst du daran, ob du den Verstorbenen je wiedersehen wirst. Vielleicht denkst du, das war nur eine Schutzbehauptung, um mich zu trösten oder um den endgültigen Abschied erträglich zu machen. Doch traue der Sehnsucht deines Herzens. Sie wird bestätigt durch den Glauben vieler Christen. Und sie wird bestätigt durch das Wort, das Jesus am Kreuz dem Schächer zu seiner Rechten zugesprochen hat:

Amen, ich sage dir: Heute noch wirst du mit mir im Paradies sein.

LUKAS 23,43

Die Liebe, die du erfahren hast, wird nicht sterben. „Lieben", sagt der französische Philosoph Gabriel Marcel, „heißt zum andern sagen: ‚Du, du wirst nicht sterben.'" Du wirst den Menschen, den du hier geliebt hast, auch in der Ewigkeit bei Gott lieben, aber auf eine neue und unbegreifliche Weise. Es wird eine Liebe sein ohne Missverständnisse und ohne Eifersucht, eine reine Liebe, die sich freut am Dasein des andern, eine Liebe, ohne die Grenze der Zeit und ohne die Grenze des eigenen Leibes, eine göttliche Liebe, die dich zugleich mit dem Geliebten und mit Gott vereint.

Viele unserer Kirchenlieder sind geprägt vom Heimweh nach dem Himmel. Angesichts des Todes eines geliebten Menschen klingen manche Lieder als Einladung, das Leben hier mit seiner Trauer und seinem Abschied, mit der Einsamkeit und Not zu überspringen und Ausschau zu halten, bis auch wir bei Gott sind. In dieser Weise sollst du der Bedrängnis nicht entfliehen, in die dich der Tod des geliebten Menschen geführt hat. Das wäre Flucht vor den Aufgaben, die dir das Leben heute stellt. Du hast heute eine wichtige Aufgabe. Gott will durch dich heute etwas von seiner Liebe und Barmherzigkeit sichtbar werden lassen. Aber wenn du die Sehnsucht der frühen Christen nach dem Kommen des Herrn richtig verstehst, dann kann sie dich befreien von der Fixierung auf das Vordergründige. Du ragst mit deiner Sehnsucht nach dem Himmel über diese Welt hinaus. Du bist nicht festgelegt auf die Nöte, die dich heute bedrängen. Diese Nöte sind Realität. Du kannst deine Augen davor nicht verschließen. Aber sie sind nicht alles. Es ist in dir etwas, was darüber hinausgeht, was schon im Himmel ist.

Unsere Heimat ist im Himmel.
Von dorther erwarten wir auch Jesus Christus, den Herrn, als Retter,
der unseren armseligen Leib verwandeln wird
in die Gestalt seines verherrlichten Leibes.

PHILIPPER 3,20F

Der Glaube daran befreit dich von der Last des Diesseitigen und schenkt dir die göttliche Freiheit der Ewigkeit.

In den Tagen der Trauer wirst du oft erleben, wie sich Menschen in deiner Umgebung von dir zurückziehen. Sie sind verunsichert. Sie wissen nicht, wie sie auf dich reagieren sollen. Sie haben Angst, mit dir über den Toten zu sprechen. Vielleicht haben sie Angst vor deinen Tränen, vor deinem Schmerz, vor deiner Trauer. Aber lass dich nicht von ihrer Angst bestimmen! Auch wenn es dir schwer fällt, geh auf sie zu! Erzähle ihnen, was dich bewegt! Mute dich ihnen zu mit deiner Trauer! Vielleicht sind sie froh, dass sie mit dir ins Gespräch kommen. Sie hatten Angst, nicht die richtigen Worte zu finden. Es war nicht böser Wille, sondern Unvermögen und Angst, Beklommenheit und Unsicherheit. Vielleicht erinnert deine Trauer sie auch an die eigene Trauer, die sie vor Jahren übersprungen, die sie verdrängt haben und die doch endlich auch einmal ans Tageslicht möchte. Oder sie spüren, dass sie sich mit dem eigenen Sterben auseinandersetzen müssten. Aber davor haben sie Angst. Sie machen lieber die Augen zu. Trau ihnen zu, dass sie sich dem eigenen Tod stellen. Denn nur dann wird ihr Leben ehrlich und bewusst, wenn sie es angesichts ihres eigenen Todes leben. Alles andere ist Flucht vor dem Tod und letztlich Flucht vor dem Leben.

Die Trauer über den Verlust des geliebten Menschen bringt dich in Berührung mit all der Trauer, die in deinem Leben immer wieder einmal in dir aufgetaucht ist, für die du aber keine Zeit oder keine Kraft gehabt hast. Vielleicht taucht in dir die Trauer darüber auf, dass du als Kind allein gelassen worden bist, als du im Kinderbett geschrieen hast. Vielleicht erinnert dich deine Trauer an Situationen, in denen du verletzt worden bist und das heile Bild deiner Eltern endgültig zerbrochen wurde. Oder es fällt dir das Scheitern einer Freundschaft oder Partnerschaft ein. Du konntest dich damals dem Schmerz über das Scheitern gar nicht stellen, weil er dich überfordert hätte. Aber jetzt taucht er wieder auf. Und du hast Angst, dass deine Trauer nun ohne Ende sein wird, dass deine Tränen nie aufhören werden. Deshalb möchtest du sie am liebsten auch jetzt zurückhalten. Aber damit verhinderst du, dass deine Trauer verwandelt wird und neues Leben in dir aufblühen kann. Je mehr du die Trauer zurückdämmen möchtest, desto mehr schneidest du dich vom Leben ab. Lass die Trauer zu. Sie wird aufhören, sie wird sich verwandeln, sie wird dich in eine neue Lebensfreude hineinführen. Überlass dich dem Rhythmus deiner Trauer und setze dich nicht unter Druck, sie früher zu überwinden, als deiner Seele gut tut. Aber traue in deiner Trauer auch dem Wort der Schrift:

Er wird alle Tränen von ihren Augen abwischen.
Der Tod wird nicht mehr sein, keine Trauer, keine Klage, keine Mühsal.
Denn was früher war, ist vergangen.

OFFENBARUNG 21,4

Hast du von dem Verstorbenen schon geträumt? Wenn nicht, dann bitte Gott darum, dass du ihm im Traum begegnen darfst. Oft sind solche Träume von Verstorbenen eine große Hilfe, unsere Beziehung zu ihnen zu klären. Da erzählte mir eine Frau, dass ihr verstorbener Vater im Traum ganz traurig war, weil er etwas sagen wollte, aber kein Wort über die Lippen brachte. Der Traum hat sie eingeladen, ihre Beziehung zum Vater anzuschauen, auf all das Ungesagte zu achten, das noch zwischen ihnen stand, und in einen neuen Dialog mit dem Vater zu treten.

Manchmal zeigen uns die Träume, dass es dem Verstorbenen gut geht. Dann erscheint er uns im Licht, oder wir begegnen ihm als einem gesunden und lachenden Menschen. Solche Träume geben uns die Gewissheit, dass der Tote bei Gott angekommen ist, dass er im Frieden ist. Solche Träume können unsere Trauer verwandeln und uns mit Zuversicht und Hoffnung erfüllen. Manchmal sagt uns der Verstorbene ein Wort. Solche Worte sind immer kostbar. Sie sind oft wie ein Vermächtnis. Sie weisen uns den Weg in die eigene Zukunft. In ihnen fasst der Verstorbene nochmals zusammen, was er uns eigentlich immer schon einmal sagen wollte. Und in solchen Worten entdecken wir die ganz persönliche Botschaft an uns. Ich kenne manche, denen solche Worte zu kostbaren Wegbegleitern geworden sind, zu Worten der Verheißung, dass ihr Leben gelingt.

Ich wünsche dir, dass du im Traum Worte von dem Verstorbenen hören darfst, die dir den Weg zeigen, den du heute gehen sollst, die dir die Gewissheit schenken, dass alles gut ist und dass Gott deinen Weg segnet.

Wenn du in der Trauer Abschied nimmst von dem geliebten Toten, dann wirst du nicht nur dem Schmerz darüber begegnen, dass er dich verlassen hat, du nicht mehr mit ihm sprechen kannst und nun allein auf dich gestellt bist. Vielleicht wird in dir auch der Schmerz über das hochkommen, was du in der Beziehung zu ihm nicht gelebt hast, weil du deine Träume von deiner Liebe zu ihm im Getriebe des Alltags vergessen hast. Trauern heißt immer auch: Abschied nehmen von ungelebtem Leben. Du hast manchmal nicht nur an dem Verstorbenen vorbei gelebt, sondern auch an dir selbst. Der Abschied erinnert dich an all das Ungelebte in deinem Leben. Es tut weh, festzustellen, dass du viele deiner Träume von einem erfüllten Leben schon vor Jahren begraben hast. Manch ein Traum zerschellte vielleicht an der harten Realität deines Lebens. Du konntest ihn beim besten Willen nicht verwirklichen. Der Abschied von dem geliebten Menschen lädt dich ein, nun auch bewusst Abschied zu nehmen von all dem, was du nicht gelebt hast. Der Abschied ist schmerzlich. Aber er ist die Voraussetzung dafür, dass nun neues Leben in dir aufblühen kann, dass du mit Vertrauen in die Zukunft schauen kannst und dass du neue Träume wagst von einem Leben, das dir und deiner Einzigartigkeit entspricht, das den Traum erfüllt, den Gott sich von dir gemacht hat.

Wenn du an den Toten denkst, mit dem du jahrelang zusammen gelebt hast, sollen deine Gedanken nicht nur nach rückwärts gerichtet sein. Frage den Verstorbenen auch, was er dir heute sagen möchte. Er möchte dich darauf hinweisen, worauf es in deinem Leben eigentlich ankommt.

Er möchte dich auch einladen, deinen eigenen Tod in dein Leben zu integrieren. Das Denken an deinen eigenen Tod soll dir das Leben nicht vergällen, sondern dir zu einem bewussteren und wacheren Leben verhelfen. Der Tod will dein Leben verstärken. Er will dir zeigen, dass jeder Augenblick, den wir leben, ein Geschenk ist. Wenn du ganz im Augenblick lebst, wenn du ein Gespür dafür entwickelst, dass es nicht selbstverständlich ist, dass du jetzt da bist, dass du atmest, dass du fühlst, dass du das Leben spürst, dann bekommt dein Leben einen neuen Geschmack. Dann lebst du intensiv. Dann wirst du den Menschen in deiner Umgebung anders begegnen. Jede Begegnung wird zu einem Geheimnis. Du begegnest einem einmaligen und einzigartigen Menschen und in ihm begegnest du Christus selbst. Und du kannst in der Begegnung dem andern etwas mitteilen, was nur durch dich ausgedrückt werden kann. Der Verstorbene möchte dich lehren, „das Leben leise wieder zu lernen", bewusst und intensiv zu leben, in dem Bewusstsein, worauf es in deinem Leben eigentlich ankommt.

Dass der Abschied von dem geliebten Menschen endgültig ist, erlebst du wohl am deutlichsten, wenn du sein Zimmer aufräumst, wenn du dir überlegst, was du mit seinen Kleidern tust und mit all den Gegenständen, die er in den vielen Jahren gesammelt hat, Gegenstände, die die gemeinsamen Erlebnisse widerspiegeln. Viele versuchen, diesen endgültigen Abschied möglichst lange hinauszuschieben. Es tut zu weh, all das wegzugeben, woran der Verstorbene mit seinem ganzen Herzen gehangen hat. Es ist gut, wenn du manches Erinnerungszeichen aufbewahrst. Aber du kannst nicht für alles, was der Verstorbene hinterlassen hast, ein Museum einrichten. Anstatt selber zu leben, würdest du dann den Rest deines Lebens nur zum Museumswärter. Das ist sicher nicht im Sinn des Verstorbenen. Auch wenn du darauf vertraust, dass du ihn bei Gott wiedersehen wirst, so ist der Abschied hier auf Erden doch erst einmal endgültig. Du kannst den Toten nicht wieder lebendig machen. Du kannst nicht immer in der Vergangenheit leben. Der Abschied will dir den Blick öffnen, damit du die Herausforderung des jetzigen Augenblicks annimmst, damit du dein eigenes Leben lebst. Und er will dich sensibel machen für das, was der Verstorbene dir heute zutraut und welche Aufgaben er dir heute stellt. Du wirst ganz in seinem Sinn leben, wenn du den Mut hast, du selber zu sein.

Ich kenne einen gläubigen Menschen, der sich einredet, als Christ dürfe er nicht trauern, weil er doch wisse, dass der Verstorbene bei Gott ist.

Brüder, wir wollen euch über die Verstorbenen nicht in
Unkenntnis lassen, damit ihr nicht trauert wie die anderen,
die keine Hoffnung haben.

1. THESSALONICHER 4,13

Vielleicht verstehst auch du dieses Wort des heiligen Paulus an die Christen in Thessaloniki als Verbot zu trauern. So ist es aber nicht gemeint. Jesus selbst hat uns da ein anderes Beispiel gegeben. Er hat am Grab des Lazarus geweint. Er hat Tränen der Trauer vergossen, obwohl er wusste, dass er ihn auferwecken werde. Das Wissen um das ewige Leben des Verstorbenen schützt uns nicht vor dem Schmerz über den Verlust des geliebten Menschen. Der Schmerz des Abschieds hat sein Recht. Und du brauchst dir nichts vorzuwerfen, wenn du trotz deines tiefen Glaubens voller Trauer bist, wenn die Tränen nicht aufhören wollen zu fließen.

Das Wissen um die Auferstehung befreit dich nicht von deinem Schmerz, aber es nimmt dem Schmerz die Sinnlosigkeit. Und damit wird der Schmerz erträglich. Für Paulus ist die Gewissheit, dass wir im Tod zu Gott kommen, um für immer bei ihm zu sein, Trost mitten im Schmerz. Er verbietet uns nicht die Trauer, sondern er fordert uns auf:

Tröstet also einander mit diesen Worten!

1. THESSALONICHER 4,18

Im Lateinischen heißt es: Consolamini. Sei mit dem, der allein ist mit seiner Trauer. Teile mit ihm seine Trauer. Dann verwandelt sie sich.

Wenn die Frau gebären soll, ist sie bekümmert, weil ihre Stunde da ist;
aber wenn sie das Kind geboren hat,
denkt sie nicht mehr an ihre Not über der Freude,
dass ein Mensch zur Welt gekommen ist.
So seid auch ihr jetzt bekümmert, aber ich werde euch wiedersehen;
dann wird euer Herz sich freuen,
und niemand nimmt euch eure Freude.

JOHANNES 16,21F

Jesus vergleicht seinen eigenen Tod mit der Geburt eines Menschen. Der Tod bringt Schmerz und Trauer mit sich wie die Geburt. Aber wenn die Geburt vorüber ist, herrscht eine Freude, die uns niemand nehmen kann. So ist der Trauerprozess wie die Geburt neuen Lebens in dir. Er ist voller Schmerzen und Ängste. Er ist oft dunkel wie der Geburtskanal. Er scheint uns die Kehle abzudrücken. Er ist eng und voller Bedrängnis. Aber wenn wir ihn durchschritten haben, weitet sich unser Herz, und wir sehen das neue Licht, das uns leuchtet. Wir fühlen uns frei, wie neu geboren. Ich wünsche dir, dass du voller Vertrauen durch deine Trauer hindurchgehst, dass du den Schmerz auf dich nimmst, weil du weißt, dass dich neues Leben erwartet, dass du durch die Trauer hindurch neu geboren wirst zu dem, der du von Gott her wahrhaft bist, zu dem einmaligen Bild, das Gott sich von dir gemacht hat.

Was Trauer ist, zeigt uns Maria Magdalena. Von ihr hat Jesus sieben Dämonen ausgetrieben. Sie hat durch Jesus neues Leben erfahren. Sie hat ihren eigenen Wert entdeckt. Nach Jesu Tod ist alle ihre Hoffnung zerbrochen. Der, auf den sie alle Hoffnung gesetzt hat, ist jämmerlich am Kreuz gestorben. So macht sie sich „frühmorgens, als es noch dunkel war" (Johannes 20,1) auf, um den zu suchen, den ihre Seele liebt (Hoheslied 3,1). Aber das Grab ist leer. Sie ist untröstlich, weil sie nicht einmal den Leichnam dessen findet, den sie liebt. So steht sie am Grab und weint, und dreimal sagt sie das klagende Wort:

Man hat meinen Herrn weggenommen,
und ich weiß nicht, wohin man ihn gelegt hat.
JOHANNES 20,2.13.15

Selbst als Jesus ihr begegnet, erkennt sie ihn nicht und klagt auch ihm ihr Leid. Erst als Jesus sie anspricht „Maria", gehen ihr die Augen auf, und sie redet ihn voller Liebe und Sehnsucht an: Rabbuni". Jetzt verwandelt sich ihre Trauer, und sie erkennt, dass der, den ihre Seele liebt, lebt, dass er den Tod überwunden hat. Aber sie kann ihn nicht festhalten. Der Auferstandene sendet sie zu den Jüngern, damit sie ihnen die Botschaft von der Auferstehung verkündet.

Versuche, in deiner Trauer die Begegnung Magdalenas mit dem Auferstandenen zu meditieren. Trauere mit ihr, aber vertraue auch darauf, dass deine Tränen sich wandeln werden, dass du wie Maria von Magdala dem Auferstandenen begegnen wirst und dass eine neue Liebe wachsen wird zu dem, den deine Seele liebt. Durch deine Trauer hindurch wirst du ihn neu finden als den, der in Gott für immer lebt. Und du wirst die Sendung erkennen, zu der Christus dich berufen hat.

Vielleicht machst du dir selbst Vorwürfe, dass deine Trauer immer noch andauert. Du kannst sie einfach nicht loslassen. Du meinst, nach so vielen Wochen müsste sie sich doch verwandelt haben. Aber es gibt keine Norm dafür, wie lange die Trauer anhalten darf. Die Trauer wird immer wieder einmal kommen. Aber sie wird allmählich anders werden. Sie wird dir zur inneren Begleiterin werden, die dich in deine eigene Tiefe führt, die dich daran hindert, dich mit der Oberfläche zufrieden zu geben. Sie will dich daran erinnern, dass du nur angesichts des Todes wirklich leben kannst, dass du durch den Tod des geliebten Menschen auf neue Weise auf dich gestellt bist, damit du die Quellen des Lebens entdeckst, die in dir sprudeln. Vielleicht hilft dir das Wort aus dem Propheten Jesaja:

Wächter, wie lange noch dauert die Nacht?
Der Wächter antwortet:
Es kommt der Morgen, es kommt auch die Nacht

JESAJA 21,11F

Du kannst nicht sagen, wie lange die Nacht deiner Trauer noch dauert. Aber du weißt auch, dass ein neuer Morgen kommen wird. In der Nacht erscheint dir die Zeit unendlich lange. Aber der Morgen wird kommen und deine Trauer in Freude verwandeln. Auf einmal wirst du ein neues Licht in deinem Herzen entdecken, ein Licht, das auch von der Dunkelheit der Nacht nicht mehr aus deinem Herzen verscheucht werden kann.

3 4 5 01 00 99

Ein Unternehmen der Dornier Medienholding GmbH 1997

Postfach 80 06 69, 70506 Stuttgart, Tel. 0711-78 80 30
Alle Fotografien: Ulrike Schneiders, Breitbrunn
Produktion: Ulrich Ruf, Freiburg
Reproduktionen: Digiprint, Gutach
Druck und Bindung: Freiburger Graphische Betriebe
ISBN 3-7831-1578-7